BEI GRIN MACHT SICH IHR WISSEN BEZAHLT

Bibliografische Information der Deutschen Nationalbibliothek:

Die Deutsche Bibliothek verzeichnet diese Publikation in der Deutschen National-bibliografie; detaillierte bibliografische Daten sind im Internet über http://dnb.d-nb.de/ abrufbar.

Impressum:

Copyright © 2015 GRIN Verlag, Open Publishing GmbH
Druck und Bindung: Books on Demand GmbH, Norderstedt Germany
ISBN: 9783668255500

Dieses Buch bei GRIN:

http://www.grin.com/de/e-book/335400/werkzeuggestuetzte-ableitung-boolescher-modelle-auf-grundlage-existierender

Lea Kristin Gerling

Aus der Reihe: e-fellows.net stipendiaten-wissen

e-fellows.net (Hrsg.)

Band 1887

Werkzeuggestützte Ableitung Boolescher Modelle auf Grundlage existierender Variabilitätsmodelle. Eine Betrachtung

GRIN Verlag

GRIN - Your knowledge has value

Der GRIN Verlag publiziert seit 1998 wissenschaftliche Arbeiten von Studenten, Hochschullehrern und anderen Akademikern als eBook und gedrucktes Buch. Die Verlagswebsite www.grin.com ist die ideale Plattform zur Veröffentlichung von Hausarbeiten, Abschlussarbeiten, wissenschaftlichen Aufsätzen, Dissertationen und Fachbüchern.

Seminararbeit M. Sc .

Survey: Werkzeuggestütze Ableitung Boolescher Modelle auf Grundlage existierender Variabilitätsmodelle

– Wintersemester 2014/15 –

Zusammenfassung

Es existieren verschiedene Werkzeuge und Algorithmen, die Variabilitätsmodelle in aussagenlogische Formeln übersetzen können. Diese Formeln können dann mithilfe von SAT-Solvern auf ihre Erfüllbarkeit überprüft werden. Als Anwendungsbeispiel dient das Variabilitätsmodell des Linux Kernels, das durch Verwendung von KConfig Dateien definiert und konfiguriert werden kann.

Diese Arbeit vergleicht die vorhandenen Werkzeuge und Algorithmen, die KConfig-Modelle in das DIMACS oder CNF Format übersetzen. Der Vergleich basiert dabei auf der vorhandenen Literatur. Dabei wird insbesondere darauf eingegangen, ob die erstellten Übersetzungen überhaupt korrekt sind, ob redundante Daten erzeugt werden und wie die Werkzeuge und Algorithmen mit nicht-Boolesche Elemente umgehen.

Inhaltsverzeichnis

1 Einleitung

Dieses Kapitel leitet die Fragestellung dieser Arbeit ein und bietet eine Übersicht über Zielsetzung und Aufbau der Arbeit. Dazu erfolgt in Abschnitt 1.1 die Motivation des Surveys und die Erläuterung der Ziele der Arbeit. Abschnitt 1.2 beschreibt den Aufbau und die inhaltliche Zusammensetzung dieser Arbeit.

1.1 Motivation und Ziele der Arbeit

Es existiert eine Menge von Werkzeugen und Algorithmen, die dazu in der Lage sind, Variabilitätsmodelle von Software-Produktlinien in aussagenlogische Formeln zu übersetzen. Anhand dieser Formeln lässt sich beispielsweise feststellen, ob eine Konfiguration valide ist oder ob sie redundante Elemente enthält [MWC09, S.3]. Durch die Umwandlung in aussagenlogische Formeln können zudem bereits existierende Ansätze aus dem Bereich der Erfüllbarkeitsprobleme der Aussagenlogik, kurz SAT, wiederverwendet werden [MWC09, S.4].

Allerdings bedienen sich die existierenden Werkzeuge und Algorithmen teilweise unterschiedlicher Ansätze, die einen Einfluss auf ihre Ergebnisse haben. Dadurch entstehen Unterschiede, die für Außenstehende nicht immer nachvollziehbar sind. Zudem gibt es zum aktuellen Zeitpunkt keine Veröffentlichung, die sich explizit mit den vorhandenen Werkzeugen und Algorithmen aus diesem Themengebiet beschäftigt.

Daher vergleicht diese Arbeit die existierenden Werkzeuge und Algorithmen, auf Basis der vorhandenen Literatur, hinsichtlich ihrer Vorgehensweisen und der Qualität der Ergebnisse miteinander. Dies ermöglicht es dem Leser, eine fundierte Entscheidung für die Benutzung eines der Werkzeuge oder Algorithmen zu treffen. Weiterhin erfolgt zu Beginn eine kurze Einführung in die Bereiche Produktlinienentwicklung und Aussagenlogik, um die gewonnene Ergebnisse des Vergleichs differenziert betrachten zu können.

1.2 Gliederung

Dieser Abschnitt bietet eine Übersicht über die Gliederung dieser Arbeit. Dazu erfolgt eine schrittweise Vorstellung der einzelnen Kapitel. Hierbei wird für jedes Kapitel kurz erläutert, welche Inhalte behandelt werden und wie diese Inhalte zusammenhängen.

Kapitel 1 beinhaltet die Einleitung der Arbeit. Hier werden die Fragestellungen vorgestellt und das Thema motiviert. Zudem werden die Zielsetzungen vorgegeben und die inhaltliche Struktur der Arbeit dargelegt.

In Kapitel 2 werden die notwendigen Grundlagen der Software-Produktlinienentwicklung eingeführt. Dabei wird insbesondere das Variabilitätsmodell von Linux als Beispiel eingeführt. Darauf aufbauend wird die Verwendung von KConfig zur Definition und Konfiguration dieses Modells betrachtet.

Kapitel 3 beschäftigt sich mit dem benötigten Grundwissen aus dem Bereich der Aussagenlogik. Zudem werden die Zusammenhänge zwischen logischen Formeln und der Produktlinienentwicklung hergestellt. Auf dieser Grundlage erfolgt dann eine kurze Einführung in die Verwendung des DIMACS Formats.

Kapitel 4 bildet den Hauptteil der Arbeit und behandelt Werkzeuge und Algorithmen, die KConfig-Modelle in das CNF beziehungsweise DIMACS Format übersetzen können. Dazu erfolgt zunächst eine Auflistung der bekannten Werkzeuge und Algorithmen und der dazugehörigen Literatur. Anschließend werden die genutzten Ansätze vorgestellt und auf Plausibilität untersucht. Abschließend erfolgt eine Gegenüberstellung der gewonnenen Erkenntnisse.

In Kapitel 5 wird schließlich ein Fazit gezogen. Dazu wird die Erfüllung der Zielsetzung reflektiert. Außerdem erfolgt eine kurze Zusammenfassung der in dieser Arbeit gewonnenen Ergebnisse. Weiterhin wird auf mögliche Perspektiven hinsichtlich weiterer Entwicklungen eingegangen.

2 Grundlagen der Software-Produktlinienentwicklung

Dieses Kapitel beschäftigt sich mit den Grundlagen der Software-Produktlinienentwicklung, welche für das Verständnis dieser Arbeit notwendig sind. Dazu erfolgt in **Abschnitt 2.1** eine Einführung der wichtigen Grundbegriffe und Konzepte. In **Abschnitt 2.2** wird dann das Linux Variabilitätsmodell vorgestellt. Dieses Modell dient als Anwendungsbeispiel für die in **Kapitel 4** betrachteten Werkzeuge.

2.1 Grundbegriffe

Nachfolgend werden relevante Begriffe aus dem Bereich der Software-Produktlinienentwicklung erläutert. Dazu erfolgt zunächst die Heranführung an Produktlinien und die Definition des Begriffes Produktlinienentwicklung. Auf dieser Grundlage werden dann die elementaren Bestandteile und Konzepte einer Produktlinie eingeführt. Dabei wird ein besonderer Fokus auf die Elemente gelegt, die für das Verständnis dieser Arbeit notwendig sind.

Nach der Definition von Pohl et al. können die Begriffe *Software-Produktlinie* und *Software-Produktfamilie* synonym verwendet werden [PBV05, S.V]. In dieser Arbeit wird daher nachfolgend nur noch der Begriff Software-Produktlinie verwendet. Weiterhin betrachtet diese Arbeit Produktlinien aus technischer Sicht, so wie in [HSH06, S. 238f] beschrieben. Die Entwicklung von Software-Produktlinien ist nach [PBV05, S.14] somit folgendermaßen definiert:

> „*Software product line engineering is a paradigm to develop software applications (software-intensive systems and software products) using platforms and mass customisation.*"

Eine *Plattform* meint in diesem Zusammenhang eine Basis von Technologien, die eine Grundlage für weitere Technologien und Prozesse bildet [PBV05, S. 6]. *Mass Customisation* hingegen meint die großangelegte Produktion von Gütern, die auf die jeweiligen Kundenbedürfnisse zugeschnitten sind [PBV05, S. 5]. Eben genau diese Kombination aus gemeinsamen und variablen Elementen macht eine Produktlinie aus.

Dieses Konzept erfordert einen speziellen Entwicklungsprozess, der nachfolgend näher erläutert wird. Nach Pohl et al. [PBV05, S. 20] gliedert sich der Software-Entwicklungsprozess einer Produktlinie in die zwei Teilprozesse *Domain Engineering* und *Application Engineering*. Beim Domain Engineering [PBV05, S. 23ff] werden Gemeinsamkeiten und Variationsmöglichkeiten der Produktlinie festgelegt und realisiert. Während dieses Prozesses entstehen domänenspezifische wiederverwendbare Artefakte wie beispielsweise die Architektur- oder Anforderungsbeschreibungen, sowie das *Domänen-Variabilitätsmodell*. Dieses Variabilitätsmodell dient zur Modellierung der Variationsmöglichkeiten der Produktlinie.

Im Zuge des Application Engineering [PBV05, S. 30ff] werden dann die Artefakte aus der Domain Engineering Phase verwendet, um eine konkrete Anwendung der Produktlinie zu realisieren. Grundlage für diese Realisierung sind die Vorgaben des Domänen-Variabilitätsmodells. Weiterhin wird dieses Modell um getätigte Anpassungen, wie beispielsweise das Hinzufügen neuer Variationsmöglichkeiten, erweitert. Dadurch entsteht ein anwendungsspezifisches *Application-Variabilitätsmodell*.

Es gibt verschiedene Herangehensweisen, um diese im Rahmen der Produktlinienentwicklung entstehenden Variabilitätsmodelle darzustellen. Am häufigsten verwendet werden *Feature Modelling* und *Decision Modelling* Ansätze [EDK12 S. 2]. Abhängig von der gewählten Herangehensweise ändert sich die verwendete Syntax. Beim Decision Modelling geht es um Entscheidungsmöglichkeiten. Schmid et al. haben in [SRG11] die vorhandenen Methoden des Decision Modelling zusammengefasst. Beim Feature Modelling hingegen liegt der Fokus auf der Auswahl unterschiedlicher *Features*. Hier bietet [SHT+06] von Schobbens et al. eine Übersicht über die vorhandenen Modellierungsansätze und die formale Semantik.

Die Studie von El-Sharkawy et al. [EDK12] hat gezeigt, dass Decision Modelling und Feature Modelling hinsichtlich ihrer Ausdrucksfähigkeit äquivalent sind. In dieser Arbeit wird der Feature Modelling Ansatz weiter verwendet, da er am weitesten verbreitet ist [Ber12, S. 1]. Dazu ist zunächst noch eine genauere Definition des Begriffs Feature notwendig. Ein Feature sei nach Kang et al. [KC+90, S. 3] definiert als:

> „*A prominent or distinctive user-visible aspect, quality, or characteristic of a software system or systems.*"

Die Beziehungen zwischen den Features einer Software-Produktlinie können in einem *Feature Modell* dargestellt werden. Die erste Methode zur Entwicklung eines solchen Modells, die weite Verbreitung gefunden hat, ist die *FODA Methode* [KC+90]. Nachfolgend findet sich ein Beispiel für die Darstellung eines Variabilitätsmodells in der ursprünglichen FODA Notation.

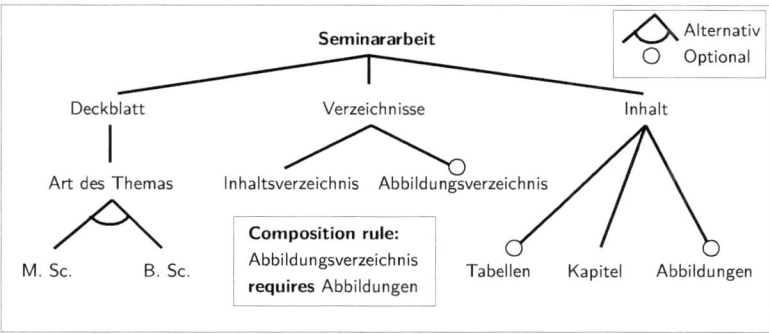

Abbildung 1: Variabilitätsmodell einer Seminararbeit.

Abbildung 1 illustriert das unvollständige Variabilitätsmodell einer Seminararbeit. Laut diesem Modell besteht solch eine Arbeit aus den drei Standardfeatures Deckblatt, Verzeichnisse und Inhalt. Das Deckblatt enthält immer die Art des Themas, welche aus den zwei Alternativen M. Sc. und B. Sc. ausgewählt werden kann. Die Verzeichnisse einer Seminararbeit wiederum enthalten immer ein Inhaltsverzeichnis und optional ein Abbildungsverzeichnis. Das Abbildungsverzeichnis benötigt die Auswahl des optionalen Features Abbildungen, welches sich unter Inhalt befindet. Der Inhalt besteht des weiteren immer aus Kapiteln und kann optional noch Tabellen enthalten.

Das Variabilitätsmodell aus Abbildung 1 bildet somit den Rahmen für unterschiedliche Ausprägungen oder *Varianten* [PBV05, S. 62] einer Seminararbeit. Eine Variante einer Seminararbeit kann somit zusätzlich Abbildungen und Tabellen enthalten, während eine andere Variante auf beides verzichtet. Die Stelle, an der die Variation auftreten kann, heißt *Variation Point* [PBV05, S. 62]. Im Beispiel der Seminararbeit hat die Variation Einfluss auf die enthaltenen Seiten und die Dokumentstruktur. Im Rahmen von Software-Produktlinien entstehen Variationen in Anforderungen, Architektur, Implementierung und Tests [PBV05, S. 58ff].

2.2 Das Linux Variabilitätsmodell

Dieser Abschnitt führt das Linux Variabilitätsmodell als Anwendungsbeispiel für die Ableitung Boolescher Modelle ein. Dazu wird zuerst die Verwendung von Linux als Testobjekt motiviert. Danach erfolgt eine kurze Einführung in den Linux Build Prozess, um den Stellenwert des Variabilitätsmodells herauszuarbeiten. Abschließend wird die domänenspezifische Sprache zur Modellierung der Variabilität von Linux, genannt KConfig, eingeführt und anhand eines Beispiels näher erläutert.

Das Open Source Betriebssystem Linux wurde erstmals 1991 veröffentlicht [LSB+10, S. 2]. Seit der Erstveröffentlichung hat sich der enthaltene Quellcode vervielfacht. Lotufo et al. haben beispielsweise in [LSB+10] die Veränderungen in den 2.6er Versionen zwischen 2005 und 2009 untersucht. Dabei haben sie festgestellt, dass der Linux *Kernel*, also der Kern des Betriebssystems, einem ständigen Wachstum unterlegen ist. Dieses Wachstum betrifft nicht nur den Quellcode, sondern auch das Variabilitätsmodell von Linux [LSB+10, Fig. 2, S. 5]. Dadurch enthalten neuere Versionen des Linux Kernels, beispielsweise Version 3.2, mehr als 12000 konfigurierbare Features [TDS+14, S. 421].

Weiterhin kann der Linux Kernel, obwohl eigentlich nur als hoch konfigurierbare Software gedacht, als Software-Produktlinie gesehen werden, wie Sincero et al. in [SSS+07] festgestellt haben. Basierend auf dieser Feststellung haben sie außerdem das Linux Kernel Variabilitätsmodell als Feature Modell interpretiert. Dies macht das Linux Variabilitätsmodell zum größten frei verfügbaren Anwendungsbeispiel eines Feature Modells [SLB+10, S. 1]. Somit bildet es ein sinnvolles Testobjekt, wenn es um real-existierende, komplexe Software-Produktlinien geht.

Um die Komplexität des Linux Kernels besser verstehen zu können, ist es sinnvoll, den Linux Build Prozess detaillierter zu betrachten. Dazu illustriert Abbildung 2 den Aufbau dieses Prozesses. Der Fokus dieser Abbildung liegt dabei auf den unterschiedlichen Ausprägungen der Variabilität im Linux Build Prozess. Der beschriebene Prozess orientiert sich an der Beschreibung aus [TDS+14, S. 424].

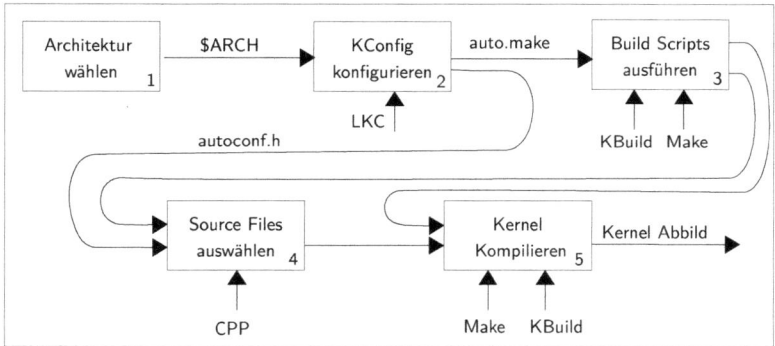

Abbildung 2: Aufbau des Linux Build Prozesses.

Zu Beginn des Linux Kernel Build Prozesses steht die Auswahl der gewünschten Architekturbasis. Diese wird in der Umgebungsvariable $ARCH definiert. Die Auswahl der Architektur bildet die erste Einschränkung für die Variationsmöglichkeiten, auch *Variationsraum* genannt, des Kernels, da nicht jedes Feature auf jeder Architektur verfügbar ist. Die so erhaltenen möglichen Features und ihre Einschränkungen werden in KConfig Dateien festgehalten.

Als nächstes kann der Benutzer die KConfig Dateien zur Konfiguration seines gewünschten Systems nutzen. Dafür wird der *Linux Kernel Configurator*, kurz LKC, verwendet, welcher ebenso wie die KConfig Dateien seit Version 2.5.45 fester Bestandteil des Kernels ist [SS08, S. 2]. Die Konfigurationsentscheidungen werden in .config Dateien gespeichert. Weiterhin entstehen während dieses Prozessschrittes auto.make und autoconf.h Dateien.

Die auto.make Datei wird im Prozessschritt 3 verwendet, um eine Vorauswahl der zu kompilierenden Quelltext-Dateien zu treffen. Dazu werden die Werkzeuge Make und KBuild verwendet. Anhand dieser Vorauswahl wird dann in Prozessschritt 4 durch die autoconf.h Datei definiert, welcher Quelltext zur Kompilierung weitergeleitet wird. Der Quelltext ist von #ifdef Blöcken umgeben. Dies werden im Prozessschritt 4 unter Zuhilfenahme des *C Präprozessors*, kurz CPP, ausgewertet.

Im letzten Prozessschritt erfolgt schließlich die Kompilierung des Kernels, wieder unter Zuhilfenahme von KBuild und Make. Hier wird der ausgewählte Quelltext sinnvoll miteinander verknüpft und kompiliert, sodass am Ende ein bootbares Kernel Abbild entsteht.

Während des gesamten Build Prozesses finden somit immer wieder Einschränkungen des Variationsraumes statt. Jeder der Prozessschritte 1 bis 4 ermöglicht dadurch auch die Entstehung von Inkonsistenzen. Diese Arbeit konzentriert sich auf den zweiten Prozessschritt, die Konfiguration des Variabilitätsmodells durch die KConfig Dateien. Die untersuchten Werkzeuge und Algorithmen aus Kapitel 4 sind dazu in der Lage, das in KConfig definierte Variabilitätsmodell von Linux in aussagenlogische Formeln zu übersetzen. Wieso solch eine Übersetzung sinnvoll ist, wird in Kapitel 3 motiviert. Im nachfolgenden Abschnitt 2.3 erfolgt zunächst noch eine detailliertere Einführung in KConfig.

2.3 KConfig

Der folgende Abschnitt bietet eine Einführung in die domänenspezifische Modellierungssprache KConfig. In Abschnitt 2.2 wurde bereits die Verwendung im Linux Kernel Build Prozess beschrieben, daher erfolgt in diesem Abschnitt noch eine kurze Einführung in Syntax und Semantik.

Die Beschreibung des Linux Variabilitätsmodells wird seit Version 2.5.45 in der KConfig Sprache getätigt [SS08, S. 2]. Diese Sprache wurde nur zu diesem Zweck entwickelt und ist seit dem ein fester Bestandteil des Linux Kernels. Die Syntax und Semantik der einzelnen Elemente wird informell in [KCS14] beschrieben. She et al. haben außerdem die formale Semantik analysiert und ihre Ergebnisse in [SB10] veröffentlicht.

Da das Linux Variabilitätsmodell als Feature Modell gesehen werden kann und KConfig dieses Modell beschreibt, kann KConfig dementsprechend auch genutzt werden, um andere Feature Modelle zu beschreiben. Berger et al. haben in [BSL+10] die weiteren Anwendungsmöglichkeiten der Featuremodellierung in der realen Welt untersucht. Auch das Variabilitätsmodell einer Seminararbeit, siehe Abbildung 1, lässt sich in KConfig Notation darstellen. Diese Darstellung erfolgt in Abbildung 3. Zur Übertragung der FODA Notation in KConfig wurden die Erkenntnisse aus [SLB+10, S. 2, Table 1] genutzt.

```
1  menu „Deckblatt"                      16  config Inhaltsverzeichnis
2      depends on Seminararbeit          17      bool „Inhaltsverzeichnis"
3      choice „Art des Themas"           18  endmenu
4          config Master                 19  menu „Inhalt"
5              bool „M. Sc."             20      select Kapitel
6          config Bachelor               21      depends on Seminararbeit
7              bool „B. Sc."             22  config Tabellen
8      endchoice                         23      bool „Tabellen"
9  endmenu                               24  config Kapitel
10 menu „Verzeichnisse"                  25      bool „Kapitel"
11     select Inhaltsverzeichnis         26  config Abbildungen
12     depends on Seminararbeit          27      bool „Abbildungen"
13 config Abbildungsverzeichnis          28  endmenu
14     bool „Abbildungsverzeichnis"
15     depends on Abbildungen
```

Abbildung 3: KConfig Modell einer Seminararbeit.

Das Beispiel aus Abbildung 3 zeigt das KConfig Modell einer Seminararbeit. KConfig ist eine textuelle Beschreibungssprache mit verschiedenen Bestandteilen [KCS14]. Die zum Verständnis dieser Arbeit relevanten Bestandteile werden nun mit Bezug auf Abbildung 3 näher Erläutert:

- **Menu:** Menus dienen zur Gruppierung von Features. Ein Menu beginnt mit **menu** und endet mit **endmenu**. Menus können eine optionale Bezeichnung haben, welche in Anführungszeichen angegeben wird. Menus ohne Bezeichnung sind für Benutzer während des Konfigurationsprozesses nicht sichtbar. Weiterhin können Menus abhängig von der Auswahl eines Features sein. Diese Abhängigkeit wird mit **depends on** modelliert. Alle Features eines Menus teilen diese Abhängigkeit. Zudem kann ein Menu verpflichtende Features enthalten. Diese Features werden mit **select** ausgewählt. Menus dienen also auch zur Modellierung von Hierarchien.

  - In Abbildung 3 gibt es drei Menus: Von Zeile 1 bis 9, von Zeile 10 bis 18 und von Zeile 19 bis 28. Diese Menus hängen alle von `Seminararbeit` ab. Somit ist die erste Ebene der Baumstruktur aus Abbildung 1 nachmodelliert. Die drei Menus `Deckblatt`, `Verzeichnisse` und `Inhalt` entsprechen dadurch verpflichtenden Features, die hierarchisch unter `Seminararbeit` stehen. Im Menu `Verzeichnisse` ist weiterhin das Feature `Inhaltsverzeichnis` verpflichtend enthalten durch die **select** Modellierung in Zeile 11.

- **Choice:** Durch die Einbindung in Choices können gruppierte Auswahlmöglichkeiten von Features dargestellt werden. Eine Choice beginnt mit **choice** und endet mit **endchoice**. Choices können eine optionale Bezeichnung haben, welche in Anführungszeichen angegeben wird. Choices ohne Bezeichnung sind für Benutzer während des Konfigurationsprozesses nicht sichtbar. Zudem beschreibt eine Choice ein verpflichtendes Feature, außer ihr Typ wird auf optional gesetzt. Weiterhin können die enthaltenen Features in einem Choice Block nur vom Typ boolean, kurz **bool**, oder **tristate** sein. Boolean erlaubt die Aktivierung oder Deaktivierung eines Features, **tristate** erlaubt zusätzlich noch den Modulzustand eines Features. Bei Features vom Typ **bool** erlaubt eine Choice die Auswahl genau eines Features, bei Features vom Typ **tristate** von mindestens einem.

  - Abbildung 3 enthält einen Choice Block von Zeile 3 bis 8 namens `Art des Themas`. Da sich der Block innerhalb des Menus `Deckblatt` befindet, ist so die hierarchische Verbindung der beiden Features dargestellt: `Art des Themas` ist ein verpflichtendes Feature, welches von `Deckblatt` abhängt. Der Choice Block enthält die Features `M. Sc.` und `B. Sc.` vom Typ **bool**. Dadurch kann also nur eines der beiden gewählt werden.

- **Config:** Configs sind das Gegenstück zu Features. Configs beginnen mit **config** und enden, sobald ein Menu, eine Choice oder ein neue Config beginnt beziehungsweise endet. Configs haben eine Bezeichnung, die direkt auf **config** folgt. Sie können optional auch eine nutzersichtbare Bezeichnung haben, die in

Anführungszeichen hinter dem Typ der Config angegeben wird. Configs ohne nutzersichtbare Bezeichnung sind für Benutzer während des Konfigurationsprozesses nicht sichtbar. Configs, die nicht Teil eines Choice Blocks sind, können zusätzlich noch vom Typ **hex**, **int** oder **string** sein. Dadurch werden sie zu verpflichtenden Features, da dieser Typ die Eingabe einer Zahl oder einer Zeichenkette erfordert. Einer Config kann durch **default** ein Startwert zugewiesen werden. Configs können weiterhin durch die Einbindung in ein **select** zu verpflichtenden Features werden. Außerdem können Configs abhängig von anderen Configs sein, dies wird durch **depends on** modelliert. Auch die Einbindung in **if** Blocks ist möglich. Die Abhängigkeiten bei **if** und **depends on** können mit einfachen logischen Verknüpfungen modelliert werden. Abschließend können Configs noch einen Hilfstext enthalten, der mit **help** oder **comment** eingeleitet wird. Dieser Text wird dem Benutzer während der Konfiguration angezeigt.

◦ Das KConfig Modell aus Abbildung 3 enthält sieben Features, die durch **config** modelliert werden. Master und Bachelor wurden bereits näher erläutert. Abbildungsverzeichnis (Zeile 13 bis 15) und Inhaltsverzeichnis (Zeile 16 bis 17) befinden sich im Menu Verzeichnisse und sind beide vom Typ **bool**. Abbildungsverzeichnis ist optional und zusätzlich noch abhängig von der Auswahl des Features Abbildungen. Inhaltsverzeichnis wird durch das **select** in Zeile 11 zu einem verpflichtenden Feature. Die restlichen Feature Tabellen (Zeile 22 bis 23), Kapitel (Zeile 24 bis 25) und Abbildungen (Zeile 26 bis 27) befinden sich im Menu Inhalt. Auch sie sind vom Typ **bool**. Abbildungen und Tabellen sind optionale Features, während Kapitel durch das **select** in Zeile 20 zu einem verpflichtenden Feature wird.

3 Grundlagen der Aussagenlogik

In diesem Kapitel werden Grundlagen der Aussagenlogik behandelt. Abschnitt 3.1 motiviert zunächst die Anwendung von aussagenlogischen Formeln im Zusammenhang mit Variabilitätsmodellierung. Abschnitt 3.2 gibt anschließend eine kurze Einführung in Syntax und Semantik der einfachen Aussagenlogik, um eine gemeinsame Basis zu schaffen. Darauf basierend gibt Abschnitt 3.3 schließlich eine Einführung in die speziellen Darstellungsformen CNF und DIMACS für aussagenlogische Formeln.

3.1 Variabilitätsmodelle in Aussagenlogik übersetzen

Der folgende Abschnitt gibt eine Einführung in die Verwendung von aussagenlogischen Formeln in Zusammenhang mit Variabilitätsmodellen. Dabei wird insbesondere erläutert, wieso die Übersetzung eines Variabilitätsmodells in eine aussagenlogische Formel sinnvoll ist und welche Anwendungsmöglichkeiten sich dadurch bieten.

Mannion hat in [Man02] als erster die Verbindung zwischen der Variabilitätsmodellierung von Software-Produktlinien und Prädikatenlogik hergestellt. Prädikatenlogik ist eine Erweiterung der Aussagenlogik. Batory hat diese Verbindung in [Bat05] weiter präzisiert, indem er die Verbindung zwischen Feature Modellen und Aussagenlogik untersucht hat. Dabei ist er zu dem Schluss gekommen, dass ein Feature Modell mit seiner Grammatik und den enthaltenen Constraints letztendlich eine aussagenlogische Formel ist [Bat05, S. 5]. Darauf basierend haben Czarnecki et al. in [CW07] die Überführung von einer aussagenlogischen Formel in ein Feature Modelle untersucht und dafür einen Algorithmus geschrieben [CW07, S. 7].

Daraus folgt, dass sich auch die Erkenntnisse aus dem Bereich der Erfüllbarkeitsprobleme, kurz *SAT*, auf die Variabilitätsmodellierung anwenden lassen. Schließlich ist auch das Erstellen einer validen Konfiguration ein Erfüllbarkeitsproblem, bei dem die einzelnen Einschränkungen des Variabilitätsmodells beachtet werden müssen. Dies ermöglicht die Verwendung von *SAT-Solvern*. Ein SAT-Solver, ist ein Werkzeug, mit dessen Hilfe sich SAT Probleme automatisiert lösen lassen.

Mendonca et al. haben in [MWC09] die Anwendung von SAT-Solvern in Zusammenhang mit Feature Modellierung untersucht. Dabei haben sie herausgefunden, dass realistische Feature Modelle keine Herausforderung für moderne SAT-Solver darstellen [MWC09, S. 9]. Dadurch ergeben sich vielfältige Möglichkeiten um Benutzer bei der Konfiguration eines Feature Modells zu unterstützen. So kann beispielsweise während des Konfigurationsprozesses ermittelt werden, ob es sich noch um eine valide Konfiguration handelt. Als Erweiterung dieser Überprüfung ist es auch möglich, dem Benutzer interaktiv mitzuteilen, welche Features er noch auswählen kann. So lassen sich beispielsweise auch automatisch valide Konfigurationen erstellen. Diese und weitere Anwendungsmöglichkeiten werden in [BSR10] noch ausführlicher behandelt.

Diese Arbeit konzentriert sich auf das Anwendungsbeispiel des Linux Variabilitäts-modells. Wieso sich der Linux Kernel dafür gut eignet, wurde bereits in Abschnitt 2.2 erläutert. In diesem Zusammenhang wurde auch das Fehlerpotenzial des Linux Build Prozesses hergeleitet. Um dieses Potenzial zu reduzieren, ist die Anwendung von unterstützenden Werkzeugen sinnvoll. Wie in diesem Abschnitt motiviert, eignet sich die Übersetzung eines Feature Modells in Aussagenlogik, um mit der Unterstützung eines SAT-Solvers dem Benutzer beim Konfigurationsvorgang zu assistieren. Wie genau diese Übersetzung funktionieren kann, wird allgemein in Abschnitt 3.2 und Abschnitt 3.3 erläutert. In Kapitel 4 erfolgt dann noch eine detailliertere Erklärung der spezifischen Vorgehensweisen der untersuchten Werkzeuge und Algorithmen.

3.2 Syntax und Semantik der Aussagenlogik

Der folgende Abschnitt bietet eine kurze Einführung in die Grundlagen der Aussagenlogik. Dies hilft dabei, das Vorgehen der Werkzeuge aus Kapitel 4 besser verstehen zu können. Als Grundlage für die Erklärung von Syntax und Semantik der Aussagenlogik dient dabei die Überführung des Feature Modells einer Seminararbeit aus Abschnitt 2.1 und Abschnitt 2.3.

Die Aussagenlogik ist ein Teilgebiet der Logik. Mit ihrer Hilfe lässt sich der *Wahrheitswert* einer *Aussage* bestimmen [Rus10, S. 243]. Dieser ist entweder 1 oder 0 beziehungsweise **wahr** oder **falsch**. Eine Aussage ist beispielsweise der Satz „Eine Seminararbeit besitzt Inhalt". Diese Aussage ist wahr. In der Aussagenlogik können auch mehrere Aussagen miteinander verknüpft werden, beispielsweise „Eine Seminararbeit besitzt Inhalt und auf dem Deckblatt steht die Art des Themas." Hier wurden zwei Aussagen mit einem logischen **und** verknüpft. Dadurch wird die Gesamtaussage nur **wahr**, wenn auch beide Teilaussagen **wahr** sind. Dies ist in dem Beispiel der Fall.

Insgesamt gibt es in der Aussagenlogik fünf verschiedene logische Verknüpfungen [Rus10, S. 244], die nachfolgend kurz erläutert werden. Dazu ist noch festzuhalten, dass es durchaus abweichende Schreibweisen gibt, in dieser Seminararbeit aber nur die nachfolgenden verwendet werden:

- **Die Konjunktion:** Die Verknüpfung mit einem logischen **und**, geschrieben als . Wie der dritten Spalte von Tabelle 1 zu entnehmen, ist die Gesamtaussage nur **wahr**, wenn auch beide Teilaussagen **wahr** sind.
- **Die Disjunktion:** Die Verknüpfung mit einem logischen **oder**, geschrieben als . Bei dieser Verknüpfung wird die Gesamtaussage **wahr**, wenn mindestens eine der Teilaussagen **wahr** ist, siehe Spalte vier von Tabelle 1.
- **Die Negation:** Die Umkehrung des Wahrheitswerts einer Aussage, geschrieben als . In Spalte fünf von Tabelle 1 ist die Negation der Aussage **A** abzulesen.
- **Die Implikation:** Bei der Implikation folgt aus Aussage **A** die Aussage **B**, geschrieben als $A \rightarrow B$. Die Gesamtaussage ist **wahr**, wenn entweder die Prämisse **A** **falsch** ist, oder wenn Prämisse **A** und Folgerung **B** **wahr** sind, siehe Spalte sechs von Tabelle 1.

- **Das Bikonditional:** Diese Verknüpfung drückt die Äquivalenz zweier Aussagen aus, geschrieben als . Die Gesamtaussage ist `wahr`, wenn beide Teilaussagen den gleichen Wahrheitswert annehmen. Dies ist in Spalte sieben von Tabelle 1 dargestellt. Das Bikonditional kann auch verwendet werden, um den Sonderfall der *Kontravalenz* auszudrücken. Dieser Fall, der auch als **exklusives oder** bekannt ist, ist die Negation des Bikonditionals. Die Gesamtaussage in diesem Fall ist also nur `wahr`, wenn genau eine der beiden Teilaussagen `wahr` ist.

A	B	A B	A B	A	A → B	A B
falsch	falsch	falsch	falsch	wahr	wahr	wahr
falsch	wahr	falsch	wahr	wahr	wahr	falsch
wahr	falsch	falsch	wahr	falsch	falsch	falsch
wahr	wahr	wahr	wahr	falsch	wahr	wahr

Tabelle 1: Wahrheitstabelle für Verknüpfungen von A und B.

Um den Wahrheitswert einer komplexen Aussage zu ermitteln, müssen zunächst die Wahrheitswerte der atomaren Aussagen ermittelt werden. In der Wahrheitstabelle aus Tabelle 1 sind die atomaren Aussagen **A** und **B**. In diesem Beispiel wurden die Wahrheitswerte gesetzt, um die Auswirkungen der Verknüpfungen demonstrieren zu können.

Im nachfolgenden Beispiel werden stattdessen Wahrheitswerte gesetzt, um die Konfiguration einer Seminararbeit zu beschreiben. Dazu ist es zunächst erforderlich, das Variabilitätsmodell der Seminararbeit in eine aussagenlogische Formel zu übersetzen. Grundlage für diese Übersetzung kann dabei sowohl die Modellierung in FODA Notation aus Abbildung 1, als auch die Modellierung in KConfig aus Abbildung 3 sein, wie in **Abschnitt 2**.3 erläutert. Das nachfolgende Beispiel in Abbildung 4 basiert auf der KConfig Darstellung. Die Überführung erfolgt dabei nach den Regeln, die Mendonca et al. in [MWC09, S. 3, Tabelle 1] festgehalten haben.

Zu Beginn der Modellierung eines Variabilitätsmodell steht der Wurzelknoten des Feature Modells. Da es sich um das Modell einer Seminararbeit handelt, besteht die erste Zeile in Abbildung 4 somit nur aus der atomaren Aussage `Seminararbeit`. Jede atomare Aussage in der aussagenlogischen Modellierung eines Variabilitätsmodells entspricht entweder einem Feature oder dem Wurzelknoten. Der Wahrheitswert der atomaren Aussagen ist dabei gleichbedeutend mit der Aktivierung oder Deaktivierung eines Features. Der Wurzelknoten hat immer den Wahrheitswert `wahr`.

In Zeile 2 der Abbildung 4 sind die Abhängigkeiten der drei Menus der KConfig Modellierung aus Abbildung 3 dargestellt. Es handelt sich um drei verpflichtende Features, daher die interne Verknüpfung mit . Weiterhin sind alle von `Seminararbeit` abhängig, daher impliziert die Auswahl von `Seminararbeit` auch die Auswahl von `Deckblatt`, `Verzeichnisse` und `Inhalt`. Zeile 1 und 2 sind zudem mit einem verknüpft, da jede Zeile die Auswahlmöglichkeit von einem oder mehreren Features repräsentiert. Die Auswahl muss immer den Regeln entsprechen, also `wahr` sein.

```
1  Seminararbeit
2  (Seminararbeit → (Deckblatt Verzeichnisse Inhalt))
3  (Deckblatt → Art des Themas)
4  (Art des Themas → ((M. Sc.   B. Sc.) (M. Sc.   B. Sc.)))
5  (Verzeichnisse → Inhaltsverzeichnis)
6  (Abbildungsverzeichnis → Verzeichnisse)
7  (Abbildungsverzeichnis → Abbildungen)
8  (Inhalt → Kapitel)
9  (Tabelle → Inhalt)
10 (Abbildungen → Inhalt)
```

Abbildung 4: Aussagenlogische Formel des Variabilitätsmodells einer Seminararbeit.

In der dritten und vierten Zeile der Abbildung 4 ist die Choice `Art des Themas` modelliert. Zeile 3 gibt dabei die Abhängigkeit von `Art des Themas` vom `Deckblatt` an und in Zeile 4 ist die Auswahl zwischen `M. Sc.` und `B. Sc`, dargestellt. Beide Features hängen von `Art des Themas` ab, daher wieder die Implikation. Außerdem muss nur eines der beiden Features gewählt werden, daher die Modellierung als Kontravalenz.

In Zeile 5 und Zeile 8 sind die Selektionen der verpflichtenden Features `Inhaltsverzeichnis` beziehungsweise `Kapitel` modelliert. In der KConfig Darstellung aus Abbildung 3 findet in dem Menu `Verzeichnisse` der **select** von `Inhaltsverzeichnis` statt. Dies lässt sich durch ein einfaches `Verzeichnisse` impliziert `Inhaltsverzeichnis` modellieren. Das Selbe gilt auch für das **select** von `Kapitel` im Menu `Inhalt`.

Zeile 6, 9 und 10 der Abbildung 4 modellieren die Hierarchien innerhalb der Menus. `Abbildungsverzeichnis` ist ein optionales Feature im Menu `Verzeichnisse`. Wenn es ausgewählt wird, muss auch das übergeordnete Feature `Verzeichnisse` gewählt werden. Daher impliziert `Abbildungsverzeichnis` `Verzeichnisse`. Das selbe Prinzip gilt auch wieder für die Auswahl der optionalen Features `Tabelle` und `Abbildungen` im Menu `Inhalt`.

Zeile 7 beinhaltet schließlich die Modellierung der Menu übergreifenden Abhängigkeit `Abbildungsverzeichnis` **depends on** `Abbildungen`. Auch hier wird diese Abhängigkeit wieder mit einem `Abbildungsverzeichnis` impliziert `Abbildungen` modelliert, da `Abbildungsverzeichnis` nur ausgewählt werden kann, wenn auch `Abbildungen` gewählt ist.

Vergleicht man die Abbildungen 3 und 4 fällt auf, dass Abbildung 4 das Variabilitätsmodell wesentlich kompakter abbildet. So lässt sich anhand dieser Modellierung korrekterweise feststellen, dass eine `Seminararbeit` bestehend aus `Deckblatt`, `Verzeichnissen`, `Inhalt`, `Art des Themas`, `M. Sc.`, `Inhaltsverzeichnis` und `Kapiteln` eine gültige Variante ist. Lässt man aber das `Deckblatt` weg, wird der Wahrheitswert der aussagenlogischen Formel `falsch` und die Konfiguration ungültig. Allerdings lässt die Modellierung aus Abbildung 4 keine direkten Schlüsse mehr über die Benutzersichtbarkeit der Features oder ihre Typen zu. Auch das Hinzufügen von Kommentaren oder Hilfetexten ist in der aussagenlogischen Modellierung nicht mehr möglich.

Das Fehlen der Kommentare oder Hilfstexte ist vernachlässigbar, da sie keinen Einfluss auf die Validität einer Konfiguration haben. Wie in Abschnitt 3.1 motiviert, geht es bei dem Einsatz von SAT-Solvern darum, den Benutzer bei der Erstellung einer validen Konfiguration zu unterstützen. Das KConfig Modell soll also nicht ersetzt werden und die Texte können dem Benutzer weiterhin angezeigt werden.

Für diese Anwendung ist allerdings das Typsystem der KConfig Modellierung problematisch. Solange es sich nur um Features vom Typ **bool** handelt, gibt es keine Probleme mit der Überführung in Aussagenlogik. Komplizierter wird es hingegen bei Features vom Typ **tristate**. Diese haben eine 3-Werte Logik, die aus `wahr`, `falsch` und `modul` besteht. Modulare Features können während des Betriebs nachgeladen werden. Auch die Typen **string**, **hex** und **int** lassen sich auf unterschiedliche Weise interpretieren. So können Features dieser Art als verpflichtend angesehen werden, da eine Eingabe in Form von Zeichenketten oder Zahlen erwartet wird. Allerdings können sie auch von optionalen Features abhängen und somit selbst optional werden.

Ein weiteres Problem ist die Struktur der Choices in KConfig. Eine Choice kann wie in Abschnitt 2.3 erwähnt mehrere Features enthalten, von denen eine gewisse Anzahl mindestens ausgewählt werden muss. Da in der Aussagenlogik keine Quantoren enthalten sind, bildet auch diese Modellierung eine Herausforderung. In Kapitel 4 wird erläutert, wie die untersuchten Werkzeuge und Algorithmen mit diesen Herausforderungen umgehen. Zuvor erfolgt noch eine Einführung in die Darstellungsformate CNF und DIMACS, welche von den Werkzeugen und Algorithmen erzeugt werden können.

3.3 CNF und DIMACS

Dieser Abschnitt befasst sich mit den Darstellungsformen CNF und DIMACS für aussagenlogische Formeln. Zu Beginn wird die Verwendung dieser Formate motiviert. Anschließend erfolgt die Erläuterung der CNF anhand des Beispiels der Modellierung einer Seminararbeit. Darauf aufbauend wird das DIMACS Format erklärt, wieder verknüpft mit dem Beispiel des Seminararbeit Variabilitätsmodells.

Ziel der Übersetzung eines Variabilitätsmodells in Aussagenlogik ist die Verwendung eines SAT-Solvers. Um solch einen Solver verwenden zu können, reicht es aber nicht aus, eine aussagenlogische Formel in beliebiger Form zu generieren. Ein SAT-Solver benötigt in der Regel eine spezielle Darstellungsform der aussagenlogischen Formel namens *Conjunctive Normal Form* [MWC09, S. 4].

Diese Form, kurz *CNF* genannt, besteht aus Teilaussagen, die mit einer Konjunktion verknüpft sind [Rus10, S. 253ff]. Jede Teilaussage wiederum darf nur disjunktive Verknüpfungen und Negationen enthalten. So sind die Aussagen A ∨ B sowie (A ∨ B) ∧ C in CNF, die Aussage A ∨ B → C allerdings nicht. Die CNF eignet sich gut für die Lösung von Erfüllbarkeitsproblemen, da jede Teilaussage erfüllbar sein muss, damit die Gesamtaussage erfüllbar ist. Sobald eine Teilaussage nicht erfüllbar ist, kann das Gesamtproblem als nicht erfüllbar angesehen werden. Weiterhin lässt sich jede aussagenlogische Formeln in die Conjunctive Normal Form bringen [Rus10, S. 253].

```
1   Seminararbeit
2   Deckblatt Verzeichnisse Inhalt
3   Art des Themas
4   (M. Sc.   B. Sc.) (M. Sc.   B. Sc.)
5   Inhaltsverzeichnis
6   (Abbildungsverzeichnis Verzeichnisse)
7   (Abbildungsverzeichnis Abbildungen)
8   Kapitel
9   (Tabelle Inhalt)
10  (Abbildungen Inhalt)
```

Abbildung 5: Aussagenlogische Formel des Variabilitätsmodells einer Seminararbeit in CNF.

Abbildung 5 enthält die CNF Darstellung des Variabilitätsmodells einer **Seminararbeit**. Diese Darstellung basiert auf Abbildung 4 und ist logisch äquivalent. Bei der Überführung in die CNF wurden spezielle Umformungen verwendet. So lassen sich die in Abbildung 4 enthaltenen Implikationen in Zeile **2**, **3**, **4**, **5** und **8** in Abbildung 5 auf ihre Folgerung reduzieren. Dies ist möglich, da es sich bei den Prämissen **Seminararbeit**, **Deckblatt**, **Art des Themas**, **Verzeichnisse** und **Inhalt** sowieso um verpflichtende Features handelt. Sie wurden somit bereits in vorhergehende Verknüpfungen eingebunden und müssen immer den Wahrheitswert **wahr** annehmen, um eine valide Konfiguration zu erhalten. Daraus folgt, dass auch ihre Folgerungen immer **wahr** sein müssen und somit in die Verknüpfungen integriert werden können. Durch diesen Schritt wurden also redundante Informationen entfernt.

Weiterhin lässt sich die Aussage in Zeile **4** aus Abbildung 4 so umformen, dass sie der CNF entspricht. Dabei wurde wieder so umgeformt, dass die Aussage in Zeile **4** der Abbildung 5 einer Kontravalenz entspricht. Die Aussage ist also nur **wahr**, wenn entweder **M. Sc.** oder **B. Sc.** **wahr** ist.

Auch die Aussagen in Zeile **6**, **7**, **9** und **10** der Abbildung 4 wurden logisch äquivalent umgeformt. So ist beispielsweise die Aussage in Zeile **6** immer dann **wahr**, wenn **Abbildungsverzeichnis** und **Verzeichnisse** gleichzeitig **wahr** sind, oder wenn **Abbildungsverzeichnis falsch** ist. Dies gilt sowohl für die Modellierung in Abbildung 4 wie auch für die Modellierung in Abbildung 5. Für die Zeilen **7**, **9** und **10** gilt das selbe Prinzip.

Wie zu Beginn des Abschnitts erläutert, benötigt ein SAT-Solver die Darstellungsform CNF. Da es sich bei SAT-Solvern um automatisierbare Werkzeuge handelt, benötigen sie ein einheitliches Eingabeformat. Die Darstellung in Abbildung 5 ist dafür insofern ungeeignet, als dass die Darstellung stark variiert, abhängig von der Benennung der Features und den gewählten Zeichen. Wie zu Beginn von **Abschnitt 3.2** erläutert, gibt es verschiedene Möglichkeiten um logische Verknüpfungen abzubilden. Daher ist es sinnvoll, ein einheitliches und maschinenlesbares Format zu verwenden. Dazu eignet sich das DIMACS Format, welches nun näher erläutert wird.

Das DIMACS Format wurde 1993 vom Zentrum für **Di**screte **Ma**thematics and Theoretical **C**omputer **S**cience als Standard zur Darstellung der CNF vorgeschlagen [DIM93]. Seither wird es beispielsweise im Rahmen der SAT Competition von allen teilnehmenden SAT-Solvern benutzt [SAT14]. In der nachfolgenden Abbildung 6 findet sich die Überführung der aussagenlogischen Formel aus Abbildung 5 in das DIMACS Format.

1 p cnf 12 13	**Zuordnungen:**
2 **1 0**	• Seminararbeit = **1**
3 **2 0**	• Deckblatt = **2**
4 **3 0**	• Verzeichnisse = **3**
5 **4 0**	• Inhalt = **4**
6 **5 0**	• Art des Themas = **5**
7 **-6 -7 0**	• M. Sc. = **6**
8 **6 7 0**	• B. Sc. = **7**
9 **8 0**	• Inhaltsverzeichnis = **8**
10 **-9 3 0**	• Abbildungsverzeichnis = **9**
11 **-9 10 0**	• Abbildungen = **10**
12 **11 0**	• Kapitel = **11**
13 **-12 4 0**	• Tabelle = **12**
14 **-10 4 0**	

Abbildung 6: Aussagenlogische Formel des Variabilitätsmodells einer Seminararbeit in DIMACS.

Eine Datei im DIMACS Format besteht mindestens aus der Angabe der *Problem Line,* der Darstellung der aussagenlogischen Formel und optionalen Kommentaren [DIM93, S. 3]. Die Problem Line beginnt immer mit einem p und gibt Auskunft über Format, Anzahl der atomaren Aussagen und Anzahl der Teilaussagen. Das Format ist dabei normalerweise CNF, je nach Solver sind aber auch andere Formate, wie beispielsweise SAT, denkbar. In dem Beispiel aus Abbildung 6 befindet sich die Problem Line in Zeile 1. Das gewählte Format ist `cnf`, es gibt 12 unterschiedliche atomare Aussagen beziehungsweise Features und 13 miteinander durch   verknüpfte Teilaussagen.

Nach der Problem Line beginnt immer die Darstellung der aussagenlogischen Formel. Dazu wird jede atomaren Aussage durch eine Zahl repräsentiert. Der Übersichtlichkeit halber enthält die rechte Spalte der Abbildung 6 die Zuordnungen der atomaren Aussagen zu ihren Zahlen. Eine negative Zahl bedeutet die Negation einer atomaren Aussage. Weiterhin endet jede Teilaussage mit einer **0**. Die Zeilen 2 bis **14** aus Abbildung 6 entsprechen somit den Zeilen 1 bis 10 aus Abbildung 5.

4 Vorstellung und Bewertung der Werkzeuge

In diesem Kapitel erfolgt eine Vorstellung und Bewertung der Werkzeuge und Algorithmen, die KConfig Modelle in aussagenlogische Formeln übersetzen können. In Kapitel 2 und Kapitel 3 wurden bereits die notwendigen Teilschritte behandelt, um von einem Variabilitätsmodell in KConfig zu einer aussagenlogischen Darstellung im DIMACS Format zu gelangen. Daher beschränkt sich dieses Kapitel nur auf die Beschreibung der spezifischen Vorgehensweisen der Werkzeuge und Algorithmen.

Dazu erfolgt zunächst eine kurze Auflistung der vorhandenen Werkzeuge und Algorithmen sowie ihrer Quellen. Weiterhin wird beschrieben, wie die betrachteten Werkzeuge und Algorithmen ausgewählt wurden. In Abschnitt 4.1 bis 4.6 wird anschließend jedes Werkzeug vorgestellt und das Vorgehen bei der Übersetzung beschrieben. Abschnitt 4.7 fasst schließlich die gewonnen Erkenntnisse zusammen und vergleicht noch einmal übersichtlich die wesentlichen Eigenschaften der Werkzeuge und Algorithmen.

Name	Art	Erscheinungsjahr	Quelle
LVAT	Werkzeug	2010	[LVA14]
Tübinger Algorithmus	Algorithmus	2010	[ZK10]
Undertaker	Werkzeug	2010	[STE+10]
KConfig ModelTranslator	Werkzeug	2014	[KCM14]
KConfig Reader	Werkzeug	2014	[KCR14]

Tabelle 2: Übersicht über die vorhandenen Werkzeuge und Algorithmen

Tabelle 2 beinhaltet alle Werkzeuge und Algorithmen, die dazu in der Lage sind, KConfig Dateien in aussagenlogische Formeln zu übersetzen. Die Daten wurden im Dezember 2014 erhoben und basieren auf [DVP14, S. 7] sowie eigenen Online-Recherchen. Bei der Online-Recherche wurde der Begriff KConfig in Verbindung mit propositional logic *und/oder* CNF *und/oder* DIMACS gesucht. Es wurden nur Ergebnisse beachtet, die entweder eine wissenschaftliche Publikation oder ein Quellcode Verzeichnis sind. Die somit erhaltenen Treffer wurden dann dahingehend ausgewertet, ob sie sich mit einem Werkzeug oder Algorithmus beschäftigen, der eigenständig zumindest einen Teilschritt der Übersetzung von KConfig in Aussagenlogik beherrscht.

Die Tabelle 2 enthält den Namen des gefundenen Werkzeugs oder Algorithmus und um welche Art von beiden es sich handelt. Weiterhin enthält die Tabelle das Jahr der ersten Online-Veröffentlichung und die Referenz auf die dazugehörige Quelle. Zu den Werkzeugen LVAT, KConfig ModelTranslator und KConfig Reader gibt es keine wissenschaftliche Publikation, daher führt hier die Referenz zum Quellcode Verzeichnis beziehungsweise zur Werkzeug-Dokumentation.

4.1 LVAT

Dieser Abschnitt beschäftigt sich mit der Werkzeuge Suite *LVAT*. LVAT steht für **Li**nux **V**ariability **A**nalysis **T**ools. Es besteht aus drei verschiedenen Werkzeugen, welche für unterschiedliche Teilschritte verantwortlich sind. LVAT ist in Scala geschrieben und wird seit 2010 unter der GNU Lesser General Public License veröffentlicht [LVA14]. Der Hauptverantwortliche ist Steven She.

LVAT wurde entworfen, um Statistiken über das Variabilitätsmodell des Linux Kernels erheben zu können [Ber12, S. 4]. Es findet Anwendung unter anderem in [SLB+10], [LSB+10], [BSL+10] und [Ber12]. Außerdem entstand [SB10] im Rahmen der Entwicklung von LVAT. Es beinhaltet die Grundlage für LVATs Übersetzung von KConfig in Aussagenlogik.

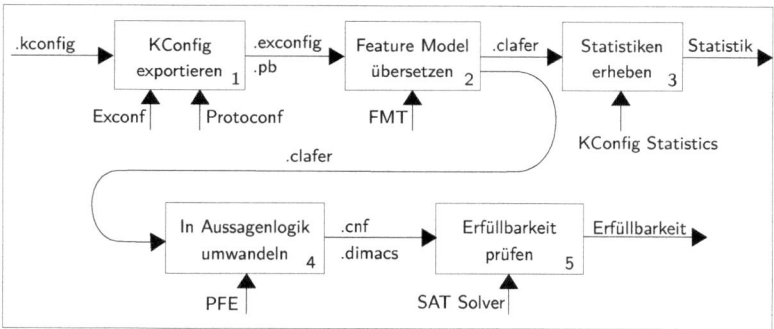

Abbildung 7: Prozesskette von LVAT nach [LVA14].

Abbildung 7 illustriert die Prozesskette von LVAT. Zu Beginn erfolgt die Eingabe eines Variabilitätsmodells in KConfig Notation. LVAT ist nicht dazu fähig, dieses Modell direkt zu übersetzen. Daher erfolgt zunächst die Übersetzung von der .kconfig Dateien in das .exconfig oder das .pb Format. Dies geschieht mithilfe der Werkzeuge Exconf für Linux Versionen bis 3.0, oder Protoconf für alle Linux Versionen.

In Prozessschritt 2 beginnt der Feature Model Translator, kurz FMT, von LVAT das Feature Modell in Clafer Syntax zu übersetzen. Die so erhaltene Modellierung kann dann genutzt werden, um Statistiken über das Variabilitätsmodell zu erheben. Hierzu wird das in LVAT enthaltene Werkzeug KConfig Statistics verwendet. So lassen sich beispielsweise Aussagen über die Datentypen der Features und die Anzahl der Abhängigkeiten des Modells machen [Ber12, S. 6].

LVAT ist weiterhin dazu fähig, das in Prozessschritt 2 erhaltene Feature Modell in Aussagenlogik umzuwandeln. Dies geschieht mithilfe des Propositional Forumal Extractors, kurz PFE. Er ermöglicht eine Ausgabe des Linux Variabilitätsmodells in .cnf oder .dimacs Format. LVAT kann dann einen SAT-Solver nutzen, um das Variabilitätsmodell auf seine Validität hin zu überprüfen.

Da es keine wissenschaftliche Literatur gibt, die sich explizit mit LVAT beschäftigt, lässt sich keine fundierte Aussage über die Zuverlässigkeit und Redundanzfreiheit der generierten Ergebnisse tätigen. Auch zur Behandlung von nicht-booleschen Elementen und Choices gibt es keine expliziten Aussagen in Literatur oder Dokumentation.

4.2 Tübinger Algorithmus

In diesem Abschnitt wird der Algorithmus aus [ZK10] näher betrachtet. Da es sich bei den Autoren um Mitarbeiter der Universität Tübingen handelt, wird der Algorithmus in dieser Arbeit als *Tübinger Algorithmus* bezeichnet. Der Algorithmus wurde 2010 von Christoph Zengler und Wolfgang Küchlin entwickelt. Eine Umsetzung als Werkzeug ist bis heute nicht vorhanden.

Der Algorithmus wurde entwickelt, um variabilitätsbedingter Fehler erkennen und automatisch Varianten generieren zu können. Hierzu wird das KConfig Modell in eine aussagenlogische Formel übersetzt. Dies geschieht in drei Schritten, welche in Abbildung 8 dargestellt sind.

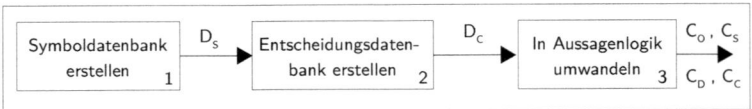

Abbildung 8: Prozesskette des Tübinger Algorithmus nach [ZK10].

Als erstes erstellt der Algorithmus eine **Symboldatenbank**. Diese Datenbank enthält alle *Symbole* und ihre Beschreibung. Ein Symbol repräsentiert dabei ein Feature. Die Beschreibung des Features enthält dessen Typ, dessen **depends on** und dessen **selects**. In dieser Beschreibung sind auch alle impliziten Abhängigkeiten vorhanden, die durch Einbindung in **menus**, **if**-Blöcke oder **choice** verursacht werden. In Prozessschritt 2 wird die Entscheidungsdatenbank erstellt. Diese enthält alle Choices sowie ihre beteiligten Features. Außerdem ist bei jeder **choice** angegeben, um was für einen Typ es sich handelt.

Im dritten Prozessschritt werden beide Datenbanken in Aussagenlogik übersetzt. Dazu erfolgt zunächst die Übersetzung der Features. Um auch nicht-boolesche Features korrekt übersetzen zu können, werden zusätzliche Variablen erstellt. Bei Features vom Typ **tristate** gibt es eine zusätzliche Variable, welche mit dem Feature exklusiv verbunden wird. Somit werden drei Konfigurationsmöglichkeiten eröffnet: Beide Variablen haben den Wahrheitswert **falsch**, oder jeweils eine hat den Wahrheitswert **wahr**. Bei Features vom Typ **string**, **int** oder **hex** werden noch weitere Variablen erzeugt, je nachdem wie viele unterschiedliche Konfigurationsmöglichkeiten in der Symboldatenbank gefunden werden. Die so erhaltenen Verknüpfungen werden dann in die Sammlung C_O aufgenommen.

Als nächstes wird die Symboldatenbank D_s übersetzt. Dazu werden die enthaltenen Abhängigkeiten in jeweils eine Sammlung C_D für die **depends on** und C_S für die **selects** geschrieben. Bei nicht-booleschen Abhängigkeit werden zusätzliche Constraints ergänzt. Zum Schluss wird die Entscheidungsdatenbank in die Sammlung C_C überführt. Bei Choices vom Typ **bool** darf nur ein Feature **wahr** sein. Bei Choices vom Typ **tristate** darf nur ein Feature **wahr** sein und beliebig viele Features dürfen modular sein.

4.3 Undertaker

Im nachfolgenden Abschnitt wird das Werkzeug *Undertaker* näher erläutert. Es wurde erstmals 2010 veröffentlicht und unter anderem in [STE+10] und [TLS+11] beschrieben. Es steht unter der GPLv3 Lizenz und kann unter [Und14] heruntergeladen werden. Es wurde von Mitarbeitern der Universität Erlangen-Nürnberg in der Programmiersprache C entwickelt.

Undertaker wird zur Identifikation variabilitätsbedingter Fehler im Linux Build Prozess benutzt. So findet es beispielsweise Quellcode Blöcke im CPP, die niemals aktiviert oder deaktiviert werden können. Diese Blöcke werden auch als *dead* beziehungsweise *undead* bezeichnet. Undertaker ist Teil des **Li**nux **F**eature **E**xplorer, kurz *LIFE*, Frameworks. Seine Aufgabe ist dabei die Übersetzung der in den .kconfig und autoconf.h Datei enthaltenen Constraints in Aussagenlogik. Diese beiden Modellierungen werden dann auf Inkonsistenzen überprüft.

Undertaker findet vielfach Anwendung in unterschiedlichen Forschungsprojekten wie [DVP14] oder [DTS+12]. So ist das Werkzeug beispielsweise ab Version 1.3 dazu fähig, auch die KBuild Skripte mit in den Konsistenzvergleich einzubeziehen [Tar13, S. 78]. Trotzdem finden sich leider nur sehr wenig Aussagen darüber, wie genau die Übersetzung in Aussagenlogik funktioniert. In [TLS+11, S. 4] wird beispielsweise erwähnt, dass Undertaker nicht gut mit dem Datentyp **tristate** zurecht kommt. In der Werkzeug Dokumentation [Und14] sind keine Informationen darüber enthalten, ob sich daran mittlerweile etwas geändert hat.

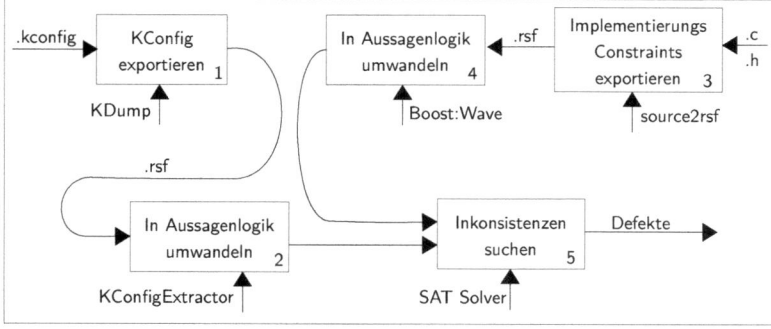

Abbildung 9: Prozesskette von Undertaker nach [STE+10] und [TLS+11].

In Abbildung 9 ist zu sehen, wie Undertaker zur Erkennung variabilitätsbedingter Fehler beiträgt. In Prozessschritt 1 wird die Darstellung des Variabilitätsmodells exportiert. Dazu verwendet Undertaker eine Anpassung der zum Linux Kernel gehörenden Funktion KDump. Dabei wird für jede Architektur eine .rsf Datei erstellt. Die so erhalte Repräsentation der Variabilität wird anschließend mithilfe des KConfigExtractors in Aussagenlogik umgewandelt.

In Prozessschritt 3 wandelt Undertaker die .c und .h Dateien des Linux Kernels in .rsf um. Dabei nutzt es das source2rsf Werkzeug. Auch diese Repräsentation wird dann wieder in Aussagenlogik überführt. Hierbei hilft die Boost:Wave Bibliothek. In Prozessschritt 5 vergleicht Undertaker schließlich die beiden erhaltenen aussagenlogischen Modellierungen. Hierzu wird ein SAT-Solver verwendet. Findet Undertaker nun Inkonsistenzen in diesen Modellierungen, werden die betreffenden Bereiche als Defekte ausgegeben.

4.4 KConfig ModelTranslator

Nachfolgend wird das Werkzeug *KConfig ModelTranslator* beschrieben. Das Werkzeug ist in Java geschrieben und wird seit 2014 von der Arbeitsgruppe Software Systems Engineering der Universität Hildesheim entwickelt. Ziel des Werkzeugs ist die korrekte Überführung eines Linux Variabilitätsmodells in eine aussagenlogische Formel.

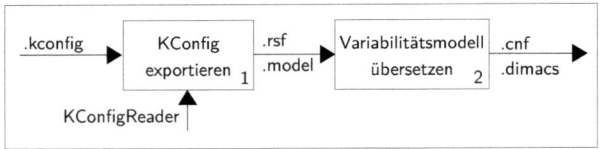

Abbildung 10: Prozesskette des KConfig ModelTranslators nach [KCM14].

Der KConfig ModelTranslator ist auf die Eingabe eines Variabilitätsmodells in .rsf oder .model angewiesen. In der Dokumentation wird dabei explizit auf den KConfigReader zur Generierung dieser Dateien verwiesen. In Prozessschritt 2 der Abbildung 10 wird das Variabilitätsmodell dann in Aussagenlogik übersetzt. Dabei sind die Formate .cnf oder .dimacs möglich. Auch eine Übersetzung in .ivml ist geplant [KCM14], aber bis jetzt noch nicht umgesetzt.

Da sich nicht-boolesche Features nicht direkt übersetzen lassen, werden bei der Übersetzung in Aussagenlogik zusätzliche Features erzeugt. Bei **tristate** Features wird genau eine zusätzliche Variable mit dem Zusatz _MODULE erzeugt. Diese paarweise Zusammengehörigen Variablen dürfen niemals beide den Wahrheitswert wahr annehmen. Entweder beider sind falsch, um eine Deaktivierung des Features darzustellen, oder nur eine von beiden ist wahr. Ist die Variable mit Zusatz _MODULE wahr, entspricht das dem Setzen des Features als Modul. Ist die Variable ohne Zusatz wahr, ist das Feature immer aktiviert. Ähnlich verhält es sich auch bei den Features von Typ **string**, **int** oder **hex**. Hier werden so viele zusätzliche Variablen erzeugt, wie es explizit erwähnte Belegungsmöglichkeiten in den KConfig Dateien gibt. Auch diese Variablen schließen sich gegenseitig aus.

Der KConfig ModelTranslator gibt außerdem in seiner Spezifikation ausführlich Auskunft darüber, wie genau die Übersetzung der Sonderfälle **choice**, **depends on** und **select** vom Typ **tristate** sowie der nicht benutzersichtbaren Features funktioniert. Dabei wird eine Vielzahl an zusätzlichen Constraints generiert, welche in [MTS14] nachgelesen werden können. Nur über die Vermeidung redundanter Daten und die Validierung der Ergebnisse wird keine Aussage getätigt.

4.5 KConfigReader

Dieser Abschnitt beschäftigt sich mit dem Werkzeug *KConfigReader*. Das Werkzeug ist in Scala geschrieben und wird von Christian Kästner entwickelt. Es wird seit 2014 unter der LGPL 3.0 veröffentlicht [KCR14]. Der KConfigReader ist Teil der TypeChef Werkzeugumgebung, welche in [KKH+10] das erste Mal vorgestellt wurde.

Der KConfigReader wurde entwickelt, um eine Darstellung des Linux Variabilitätsmodells in aussagenlogischen Formeln zu ermöglichen. Diese Darstellung wird dann von dem Werkzeug TypeChef verwendet. TypeChef wird genutzt, um #ifdef Variabilität in C-Quelltext zu analysieren. Ziel dieser Analyse ist es, durch diese Variabilität hervorgerufene Fehler zu identifizieren [KKH+10, S. 1]. Ein mögliches Anwendungsbeispiel ist auch hier der Linux Kernel.

Eine Besonderheit des KConfigReaders ist die hohe Qualität der Ausgaben. Diese wird nach eigenen Angaben erreicht, indem eine aufwändige Testinfrastruktur geschaffen wurde [KCR14]. So wird die `olddefconfig` Funktion von KConfig benutzt, um jede erhaltene Konfiguration auf seine Grundvalidität hin zu überprüfen. Einzig die exakte Nachbildung der Reihenfolge von **select** oder **depends on** Abhängigkeiten ist noch nicht vollständig vorhanden.

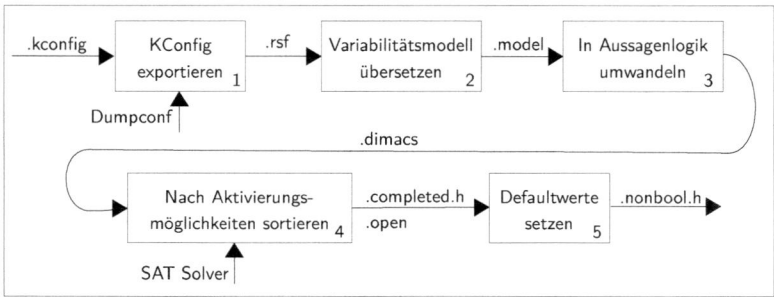

Abbildung 11: Prozesskette des KConfigReaders nach [KCR14].

Abbildung 11 illustriert die Prozesskette des KConfigReaders. Das Werkzeug benötigt .kconfig Dateien als Eingabe. Diese Dateien werden dann mithilfe der Dumpconf Funktion in das .rsf Format transformiert. Die .rsf Dateien enthalten das KConfig Variabilitätsmodell in XML Format. Die Dumpconf Funktion orientiert sich an der Vorgehensweise von Undertaker: Das zum Linux Kernel gehörende KDump wird zur Erstellung der .rsf Dateien verwendet.

Die .rsf Dateien werden in Prozessschritt 2 verwendet und in das .model Format übersetzt. Bei der Übersetzung werden die boolschen Constraints nach ihren beteiligten Features gruppiert. Diese Darstellung wird im nächsten Prozessschritt in das .dimacs Format überführt. Der KConfig Reader behandelt dabei nicht-boolesche Features genau so wie der KConfig ModelTranslator: Für jede zusätzliche Belegungsmöglichkeit wird eine exklusiv wählbare Variable erzeugt. Außerdem kann Zusätzlich die Funktion reduceConstraints aufgerufen werden, um redundante Constraints aus der .dimacs Datei zu entfernen.

Die nachfolgenden Prozessschritte 4 und 5 sind optional. In Prozessschritt 4 werden die Features nach ihrer Aktivierungsmöglichkeit sortiert. Mithilfe eines SAT-Solvers werden dabei alle Features, die in jeder Konfiguration aktiv sind, als Makro in eine completed.h Datei geschrieben. Weiterhin wird diese Datei auch um alle Features ergänzt, die in keiner Konfiguration aktiv sind. Allerdings werden diese Features als undefiniert beschrieben. Die übrigen Features werden dann in eine .open Datei geschrieben. Prozessschritt 5 ermöglicht das Setzen der Defaultwerte für alle nicht-booleschen Features. Die Ausgabe geschieht in einer .nonbool.h Datei. Die so erhaltenen Dateien können als Eingabe für TypeChef verwendet werden, um die Suche nach variabilitätsbedingten Fehler zu beschleunigen.

4.6 Zusammenfassung

Dieser Abschnitt fasst die gewonnen Erkenntnisse dieses Kapitels zusammen. Dazu werden die wichtigsten Eckdaten der untersuchten Werkzeuge und Algorithmen tabellarisch gegenübergestellt und anschließend diskutiert. Zuerst werden dabei die möglichen Schnittstellen der Werkzeuge betrachtet. Danach werden die Arbeitsweisen der Werkzeuge und Algorithmen im Hinblick auf die Forschungsfragen dieser Seminararbeit diskutiert.

Tabelle 3 enthält die Ein- und Ausgabeformate der jeweiligen Werkzeuge sowie eventuell benötigte externe Werkzeuge. Der Tübinger Algorithmus ist nicht in der Tabelle enthalten, da keine Implementierung existiert und keine konkreten Aussagen über eventuelle Schnittstellen getätigt wurden [ZK10]. Die Daten der anderen Werkzeuge basieren auf der vorhanden Literatur und konnten nicht praktisch überprüft werden.

Auffällig ist, dass alle Werkzeuge weitere Unterstützung benötigen, um das KConfig Modell zu extrahieren. LVAT nutzt dabei mit Exconf und Protoconf als einziges einen eigenen Ansatz. Undertaker und KConfigReader verlassen sich beide auf eine angepasste

Version der KDump Funktion. Der KConfig ModelTranslator verwendet wiederum Ausgaben, die von Undertaker oder dem KConfigReader erzeugt werden. Ansonsten ist Undertaker zusätzlich noch dazu fähig, aus den CPP Anweisungen ein Variabilitätsmodell zu extrahieren. Dazu wird das Source2rsf Werkzeug verwendet.

	Eingabeformate	Ausgabeformate	Benötigte Werkzeuge
LVAT	KConfig Model Extrakte in .ex-config oder .pb.	Feature Modell in Clafer Syntax und darauf basierende Statistiken. Aussagenlogische Formel in .cnf oder .dimacs.	Exconf/Protoconf zur Extrahierung des KConfig Modells.
Undertaker	KConfig Dateien in .kconfig.	Feature Modell in .rsf (Raw Dump der KConfig Informationen) und Aussagenlogik, sowie dead/undead Features.	KDump zur Extrahierung des KConfig Modells. Source2rsf zur Extrahierung des CPP Modells.
KConfig Model-Translator	KConfig Model Extrakte in .model oder .rsf.	Aussagenlogische Formel in .dimacs oder .cnf.	Undertaker/KConfigReader zur Extrahierung des KConfig Modells.
KConfig Reader	KConfig Dateien in .kconfig.	Unter anderem: .rsf, .model (Boolean Constraints nach Features gruppiert) und .dimacs	Dumpconf zur Extrahierung des KConfig Modells.

Tabelle 3: Schnittstellen der Werkzeuge.

Bei Undertaker und KConfigReader sind diese benötigten zusätzlichen Werkzeuge integriert, daher ist als Eingabeformat .kconfig angegeben. LVAT und der KConfig ModelTranslator integrieren diese Werkzeuge nicht, daher ist hier das jeweilige Zwischenformat .exconfig und .pb beziehungsweise .model und .rsf als Eingabeformat angegeben.

Die Ausgabeformate der Werkzeuge enthalten alle eine aussagenlogische Formel. LVAT, und KConfig ModelTranslator können diese Formel sowohl in CNF als auch in DIMACS ausgeben. Der KConfigReader gibt die Formel nur in DIMACS aus. Bei Undertaker ist keine Angabe zum Ausgabeformat zu finden, da allerdings während des Prozesses ein SAT-Solver verwendet wird, ist von CNF auszugehen. LVAT, Undertaker und KConfigReader sind weiterhin dazu in der Lage, eine Zwischenrepräsentation des KConfig Modells zu erzeugen. Bei LVAT geschieht dies im .clafer Format, bei Undertaker in .rsf und beim KConfigReader in .rsf oder .model. Im Zusammenhang mit ihrem Anwendungszweck sind LVAT und Undertaker noch zu weiteren Ausgaben fähig. So kann LVAT Statistiken über den Aufbau des Variabilitätsmodells erzeugen. Undertaker wiederum kann dead und undead Features identifizieren.

In Tabelle 4 sind die Anwendungszwecke aller betrachteten Werkzeuge und Algorithmen enthalten. Außerdem wird noch einmal zusammengefasst, wie die Werkzeuge und Algorithmen mit nicht-booleschen Elementen umgehen und ob redundante Daten erzeugt werden.

	Zweck	Umgang mit nicht-booleschen Elementen	Redundante Daten
LVAT	Analyse des Linux Variabilitätsmodells	k.A.	k.A.
Tübinger Algorithmus	Erkennung variabilitätsbedingter Fehler und automatische Variantengenerierung.	Erstellung zusätzlicher, exklusiv wählbarer Variablen für jede zusätzliche Belegungsmöglichkeit.	k.A.
Undertaker	Erkennung variabilitätsbedingter Fehler.	k.A.	k.A.
KConfig ModelTranslator	Übersetzung des Linux Variabilitätsmodells in Aussagenlogik.	Erstellung zusätzlicher, exklusiv wählbarer Variablen für jede zusätzliche Belegungsmöglichkeit. Erstellung zusätzlicher Constraints für **choice**, **depends on** und **select**.	k.A.
KConfigReader	Aufbereitung des Variabilitätsmodells zur Anwendung in TypeChef zur Erkennung variabilitätsbedingter Fehler.	Erstellung zusätzlicher, exklusiv wählbarer Variablen für jede zusätzliche Belegungsmöglichkeit.	Vermeidung redundanter Constraints möglich.

Tabelle 4: Übersicht über Arbeitsweisen der Werkzeuge und Algorithmen

Betrachtet man die Spalte zur Erzeugung redundanter Daten fällt auf, dass hier sehr wenig Angaben gemacht werden konnten. Dies liegt daran, dass der Fokus zunächst einmal auf der Erzeugung korrekter Modelle liegt. Einzig der KConfigReader beschäftigt sich in seiner Dokumentation explizit mit der Vermeidung redundanter Constraints in der .dimacs Ausgabe. Diese wird aber als sehr zeitaufwändig beschrieben [KCR14].

Auch der Umgang mit nicht-booleschen Elementen ist leider nur lückenhaft beschrieben. LVAT und Undertaker machen keine aktuellen Angaben, wie sie beispielsweise **tristate** Features behandeln. Der KConfigReader hingegen beschreibt nur den Umgang mit nicht-booleschen Features. Hierzu werden zusätzliche Variablen erzeugt, die eine Erweiterung der Logik um zusätzliche Auswahlmöglichkeit simulieren. So steht jede zusätzliche Variable für eine mögliche Ausprägung. Bei **tristate** Features beispielsweise symbolisiert die Auswahl der zusätzlichen Variable den Modulzustand des Features. Dies ist möglich, da immer nur genau eine Variable aktiviert werden darf.

Die Autoren des Tübinger Algorithmus und des KConfig ModelTranslators beschreiben sehr ausführlich, wie genau die Überführung aller nicht-booleschen Elemente funktioniert. Beide bedienen sich hier auch der Erstellung zusätzlicher Variablen. Außerdem werden noch weitere Constraints erzeugt, um auch **depends on**, **select** und **choice** für nicht-boolesche Features modellieren zu können.

Was die Anwendungsmöglichkeiten der Werkzeuge und Algorithmen angeht, so ist die Auswahl sehr vielfältig. Der Tübinger Algorithmus und Undertaker wurden dazu entwickelt, eigenständig variabilitätsbedingte Fehler zu erkennen. Hierzu zählen dead und undead CPP Blöcke oder Features im KConfig Modell. Der Tübinger Algorithmus soll weiterhin so weiterentwickelt werden, dass er selbständig valide Konfigurationen erkennen und auch generieren kann. Auch der KConfigReader trägt zur Erkennung variabilitätsbedingter Fehler bei. Er transformiert das KConfig Modell in Aussagenlogik und sortiert die enthaltenen Features nach ihren Aktivierungsmöglichkeiten. Diese Daten können dann von einem weiteren Werkzeug weiter zur Erkennung variabilitätsbedingter Fehler verwendet werden. LVAT wiederum wurde genutzt, um Statistiken über das Linux Kernel Variabilitätsmodell zu erhalten. So wurden beispielsweise Verzweigungstiefe und -breite der Features untersucht. Der KConfig ModelTranslator beschäftigt sich sehr ausführlich mit der Übersetzung der KConfig Semantik in verschiedene aussagenlogische Darstellungsformen.

5 Fazit

Ziel dieser Seminararbeit war es, einen Überblick über die Ableitung boolescher Modelle auf Grundlage existierender Variabilitätsmodelle zu schaffen. Dazu wurden in Kapitel 2 notwendige Grundlagen der Software-Produktlinienentwicklung erläutert. Außerdem wurde das Anwendungsbeispiel Linux sowie die domänenspezifische Beschreibungssprache KConfig eingeführt. Diese bildet den Ausgangspunkt für die Übersetzung.

In Kapitel 3 erfolgte dann die Motivation für die Ableitung aussagenlogischer Formeln. Anschließend wurden notwendige Grundlagen der Aussagenlogik eingeführt. Darauf basierend wurde eine Übersetzung eines KConfig Modells zunächst in einfache Aussagenlogik und dann sowohl in CNF als auch DIMACS durchgeführt. Dies hat das prinzipielle Vorgehen einer solchen Übersetzung demonstriert und gleichzeitig mögliche Probleme herausgearbeitet.

In Kapitel 4 wurden dann alle verfügbaren Werkzeuge und Algorithmen betrachtet, welche zu solch einer Übersetzung fähig sind. Dabei wurden spezifische Vorgehensweisen hervorgehoben, aber auch Lücken in der Dokumentation aufgezeigt.

Die Ergebnisse dieser Betrachtung haben gezeigt, dass die Werkzeuge einen Fokus auf die Erzeugung korrekter Modellierungen legen und Redundanzfreiheit eher vernachlässigt wird. Teilweise ist die Qualität der Ergebnisse nur schwer nachzuvollziehen, wie bei Undertaker oder LVAT. Teilweise wurde aber auch sehr ausführlich dokumentiert wie die erhaltenen Übersetzungen zustande kommen, wie beim Tübinger Algorithmus oder beim KConfig ModelTranslator. Der KConfigReader überzeugt hingegen durch seine vorhandene Testinfrastruktur.

Was die Behandlung nicht-boolescher Elemente angeht, so fehlen dazu leider bei Undertaker und LVAT Angaben. Hier wäre eine praktische Evaluierung sicherlich sinnvoll. Die anderen Werkzeuge lösen das Problem durch die Erzeugung zusätzlicher Variablen. Dies scheint sich in der Praxis bewährt zu haben.

Abschließend bleibt noch festzuhalten, dass eine Umsetzung des Tübinger Algorithmus als Werkzeug wünschenswert wäre, da er mit seiner Unterteilung in die verschiedenen Datenbanken und Sammlungen einen anderen Ansatz verfolgt als die restlichen Werkzeuge. Auch eine praktische Evaluation aller Werkzeuge, um beispielsweise auch Auskünfte über Performanz geben zu können, wäre sicherlich eine interessante Forschungsaufgabe.

Literaturverzeichnis

[Bat05]   D. Batory: "Feature Models, Grammars, and Propositional Formulas", In: *Proceedings of the 9th International Software Product Lines Conference (SPLC'05)*, S. 7–20, 2005.

[Ber12]   T. Berger: „Variability modeling in the wild", In: *Proceedings of the 16th International Software Product Line Conference*, Ausgabe 2, S. 233–241, 2012.

[BSL+10]   T. Berger, S. She, R. Lotufo, A. Wąsowski, K. Czarnecki: „Variability modeling in the real: a perspective from the operating systems domain", In: *Proceedings of the IEEE/ACM international conference on Automated software engineering*, S. 73–82, 2010.

[BSR10]   D. Benavides, S. Segura, A. Ruiz-Cortes: "Automated Analysis of Feature Models 20 Years Later: A literature Review", *Information Systems*, Ausgabe 35, Nummer 6, S. 615–636, 2010.

[CW07]   K. Czarnecki, A. Wasowski: "Feature Diagrams and Logics: There and Back Again", In: *Proceedings of the 11th International Software Product Lines Conference (SPLC'07)*, S. 23–34, 2007.

[DIM93]   DIMACS Challenge: „Satisfiability: Suggested format", In: *DIMACS Challenge*, Abgerufen auf: ftp://dimacs.rutgers.edu/pub/challenge/satisfiability/, 1993.

[DTS+12]   C. Dietrich, R. Tartler, W. Schröder-Preikschat, D. Lohmann: „A robust approach for variability extraction from the linux build system", In: *Proceedings of the 16th International Software Product Line Conference*, Ausgabe 1, S. 21–30, 2012.

[DVP14]   N. Dintzner, A. Van Deursen und M. Pinzger: „Extracting feature model changes from the Linux kernel using FMDiff", in *Proceedings of the Eighth International Workshop on Variability Modeling of Software-Intensive Systems*, Artikel 22, 2014.

[EDK12]   S. El-Sharkawy, S. Dederichs und K. Schmid: „From feature models to decision models and back again: An analysis based on formal transformations", In: *Proceedings of the 16th International Software Product Line Conference (SPLC'12)*, Ausgabe 1, S. 126–135, ACM, 2012.

[HSH06]   A. Helferich, K. Schmid und G. Herzwurm: „Softwareproduktlinien für Anwendungssysteme: Eine Analyse aus Techniksicht und Marktsicht", In: *Multikonferenz der Wirtschaftsinformatik 2006*, Band 2: Software-Produktmanagement. S. 237-248, 2006.

[KCH+90] K. Kang, S. Cohen, J. Hess, W. Novak und S. Peterson: „Feature-Oriented Domain Analysis (FODA): Feasibility Study", Technical Report CMU/SEI-90-TR-21, Software Engineering Institute, Carnegie Mellon University, 1990.

[KCM14]   KConfig ModelTranslator: https://projects.sse.uni-hildesheim.de/agilo/ModelTranslator/wiki/, Stand: September 2014.

[KCR14]   KConfigReader: https://github.com/ckaestne/kconfigreader/blob/master/README.md, Stand: 19. November 2014.

[KCS14]   KConfig Semantic: https://www.kernel.org/doc/Documentation/kbuild/kconfig-language.txt, Stand 01. Dezember 2014.

[KKH+10] A. Kenner, C. Kästner, S. Haase, T. Leich: „TypeChef: toward type checking #ifdef variability in C", In: *Proceedings of the 2nd International Workshop on Feature-Oriented Software Development*, S. 25–32, 2010.

[LSB+10] R. Lotufo, S. She, T. Berger, K. Czarnecki, A. Wąsowski: „Evolution of the Linux kernel variability model", In: *Software Product Lines: Going Beyond*, S. 136–150, Springer, 2010.

[LVA14]   Linux Variability Analysis Tools: https://code.google.com/p/linux-variability-analysis-tools/, Stand: Dezember 2014.

[Man02]   M. Mannion: „Using first-order logic for product line model validation", In: *Proceedings of the 2nd International Software Product Line Conference (SPLC2)*, S. 176–187, 2002.

[MTS14]   ModelTranslator Spezifikation: https://projects.sse.uni-hildesheim.de/agilo/ModelTranslator/wiki/Specification/RSF2DIMACS, Stand: September 2014.

[MWC09]   M. Mendonca, A. Wąsowski, und K. Czarnecki: „SAT-based analysis of feature models is easy", in *Proceedings of the 13th International Software Product Line Conference*, S. 231–240, 2009.

[PBV05]   K. Pohl, G. Böckle und F. Van der Linden: „*Software product line engineering: foundations, principles, and techniques*", Springer Verlag, 2005.

[Rus10]   S. J. Russell: „Artificial intelligence: a modern approach", Upper Saddle River: Prentice Hall, 3. Ausgabe, 2010.

[SAT14]   SAT Competition Homepage: http://www.satcompetition.org/, Stand: Dezember 2014.

[SB10]   S. She and T. Berger, „Formal semantics of the Kconfig language", Technical Note, Verfügbar auf: http://eng.uwaterloo.ca/~shshe/kconfig semantics.pdf, 2010.

[SHT+06]   P.-Y. Schobbens, P. Heymans, J.-C. Trigaux und Y. Bontemps: „Feature Diagrams: A Survey and a Formal Semantics", In *Proc. of the 14th IEEE International Requirements Engineering Conference (RE'06)*, S. 139–148, 2006.

[SLB+10]   S. She, R. Lotufo, T. Berger, A. Wasowski, K. Czarnecki: „Variability model of the Linux kernel", In: *VaMoS 2010: Fourth International Workshop on Variability Modeling of Software-intensive Systems*, S. 45–51, 2010.

[SRG11]   K. Schmid, R. Rabiser, P. Grünbacher: „A Comparison of Decision Modeling Approaches in Product Lines", In: *Proceedings of the 5th International Workshop on Variability Modeling of Software-intensive Systems (VaMoS'11)*, S. 119–126, ACM, 2011.

[SSS+07]   J. Sincero, H. Schirmeier, W. Schröder-Preikschat, O. Spinczyk: „Is the linux kernel a software product line?", In: *Proceedings of SPLC Workshop on Open Source Software and Product Lines*, 2007.

[SS08]   J. Sincero, W. Schröder-Preikschat: „The Linux Kernel Configurator as a Feature Modeling Tool", In: *Proceedings of the 12th International Software Product Line Conference*, Ausgabe 2, S. 257–260, 2008.

[STE+10]   J. Sincero, R. Tartler, C. Egger, W. Schröder-Preikschat, D. Lohmann: „Facing the Linux 8000 Feature Nightmare" In: *Proceedings of ACM Eu-*

ropean Conference on Computer Systems (EuroSys 2010), Best Posters and Demos Session, 2010.

[Tar13]   R. Tartler: „Mastering Variability Challenges in Linux and Related Highly-Configurable System Software", Dissertation Friedrich-Alexander-Universität Erlangen-Nürnberg (FAU), 2013.

[TDS+14]   R. Tartler, C. Dietrich, J. Sincero, W. Schröder-Preikschat, D. Lohmann: „Static analysis of variability in system software: The 90,000# ifdefs issue", In: Proceedings of USENIX Conference, S. 421–432, 2014.

[TLS+11]   R. Tartler, D. Lohmann, J. Sincero und W. Schröder-Preikschat: „Feature consistency in compile-time-configurable system software: Facing the Linux 10,000 feature problem", in Proceedings of the sixth conference on Computer systems, S. 47–60, 2011.

[Und14]   Undertaker: https://vamos.informatik.uni-erlangen.de/files/, Stand: Dezember 2014.

[ZK10]   C. Zengler und W. Küchlin: „Encoding the Linux kernel configuration in propositional logic", in Proceedings of the 19th European Conference on Artificial Intelligence (ECAI 2010) Workshop on Configuration, S. 51–56, 2010.